POEMAS
PARA MI
Ángel

POEMAS
PARA MI
Ángel

LUIS HERNANDEZ

Para pedidos de copias adicionales de este libro, por favor contacte con:
Palibrio
1663 Liberty Drive
Suite 200
Bloomington, IN 47403
Llamadas desde los EE.UU. 877.407.5847
Llamadas internacionales +1.812.671.9757
Fax: +1.812.355.1576
ventas@palibrio.com
379462

Indice

Dedicatoria

Quiero dedicar especialmente
Este humilde libro;
A mi hija Kendra
Pues es quien me inspiro' para la creación del mismo
Es lo único que tengo en estas dos manos atadas;
La esperanza que esta, en mejor cuidado que con migo.
Pues fue una personita amada a quien por ningún motivo
Saco de lo más adentro de mí ser.

Agradecimiento

A Dios por permitirme expresar los sentimientos que en algunos Momentos, son armonía y un poco de humor y critica, pero en su gran Mayoría dolorosos. También a mi familia por estar siempre a mi lado.

Introducción

Deceo hacerles conocimiento, de que los pensamientos aqui descritos
Son simplemente extraidos de mi propia inspiracion espero les guste,
Es halgo hecho con humildad, sin pretender ofender a nadie.

Biografía

Autor: Luis Alfredo Hernandez R.
Nacido en la ciudad capital de Guatemala
El 2 de agosto de 1972.

Tiempo

O tiempo dulce tiempo amargo
Viejos tiempos tiempos nuevos
O tiempo, tiempo nos abrazas o nos tiras,
Será segun tu criterio? O sera como te aprovechemos.
O tiempo o tiempo
Tiempo el que nos falta tiempo el que nos sobra.
O tiempo vales oro y vales nada
Dependiendo quien te compra
O tiempo,tiempo, tiempo, tiempo
Cuanto tiempo me llevara entenderte o tiempo;
Como decian mis abuelos
El tiempo pasa pero nunca vuelve
O tiempo si tan siquiera te pararas,
A darte un baño entre los lagos
A refrescarte entre los rios.
Por lo menos o tiempo yo la brisa sentiria
Mi vida un rato rebosara.
O tiempo si entre las montañas descansaras
Tus piernas encarreradas,
Yo tendria un segundo
Para que las guerras pararan

O tiempo, tiempo si tu andar atrás hecharas
Tu mis sueños realizaras.
O tiempo, tiempo entre tus dedos vidas llevas,
Bien vividas o maleadas.
O tiempo recuerdos pisas todo el tiempo
Y cuando corres los apagas;
Tiempo Oooo, hoo, hoo, hay, hay, hay
Tiempo bendito tiempo.
O tiempo tu me viste nacer,
Y tu me veras morir.
Por eso tiempo a veces faltas, por eso tiempo a veces sobras
O tiempo, tiempo me arrevatastes a mi vida
Y a mi vida no te llevas…
Tiempo o porque tiempo.

Que falta me haces

Hoo como un niño lloro
Pues mi amor como te añoro.
Con el corazon debo confesar,
Que la muerte he deceado
Aunque por ser tu padre
Me siento privilegiado.
Pido perdon al creador
Cada vez que a mi alrrededor;
Malos pensamientos crecen
Pues mis pasos desfallecen.
Cuando digo tu nombre
Unas lagrimas se esconden.
Como todo cobarde lloro,
Hoo, mi amor como te añoro.
Me haces falta noche y dia,
Como la semilla a la tierra
Como la lluvia al sembrado,
Todo mi ser se ha desmayado
Y no se como recobrarlo.
La razon se me borra
Cuando pienso en tu memoria;
Hoo, mi bella mi princesa,
Mi pacion y adoracion
De mi vida y mis suños
Eres tu la razon.

Porque me haces falta ya no quiero respirar,
Ni tampoco a destiempo, mis sueños alcanzar
Que tristeza que dolor
Es lo que siento el dia de hoy.
Pues tus ojos se reflejan
Donde quiera que yo voy.
No, no, no, ya miedo no tengo
Y ningun tipo de temor.
Pues mi angel guardian eres
Y veo siempre tu resplandor,
Mi vida mi chiquita
Que falta me haces,
Pero no nos inquietemos
Que ya mi reina pronto pronto
Primero Dios nos encontremos.

Tuyo soy

No te juro inmortalidad,
Pues solo Dios sabe en realidad
Cuantos dias me permitira,
Amarte ahun en la eternidad,
Es mi plan en la actualidad.
Pero mi amor algo he de jurar
Que mi corazon no puede engañar,
El sentimiento que he de llevar
Esto mismo es de nunca acabar.
Como la atmosfera ama la tierra
Mi alma misma se eleva,
Hoo cuando tu nombre a mis oidos llega,
Tuyo soy y de nadie mas;
Como podria negarlo
Si tus ojos veo a diario,
Ho mi amor has de caso
Como el sol en el ocaso
Cada vez que otras miro
A ninguna le hago caso,
Pues de que serviria
Si al final el alma mia
Por siempre te seguiria.
Hoo,cuando llegue el anochecer
Toma pues toda mi vida,
Ya que mi vida noche y dia
Te pertenece todo mi ser,
Y por eso hoy y siempre
Tuyo soy.

Crece Guatemala

Pues mas honrroso es el valor
Que un pueblo lleno de temor;
Ya los extranjeros monopolizaron,
Asi como a nuestros mayas expulsaron
Sus reliquias arrebataron
Y llenos de tesoros regresaron.
Hoo, mandatarios oigan pues
El grito de nuestra niñez
Ya que por falta de letras,
Se destrullen las cosechas.
Escuelas y universidades añoramos
Asi entonces nuestras voces unamos,
Para que juntos produscamos
Centros de salud y hospitales levantemos
Y a nuestra juventud progresaremos;
Lo que en un pasado soñamos
Con trabajos honrrosos contrullamos,
El indice del crimen sigue alto
De tanta violencia mi pueblo esta harto
Y los niños de la calle gritan
El hambre ya no aguanto.
Permitamos que desaparesca la corrupcion
Y asi a mi Guatemala linda,
No le matemos la ilucion,
De un mejor futuro para toda la nacion.

Sueño Americano

Suelo ajeno piso
En el alma y mente vivo sumiso.
Como un niño aprendiendo a andar
De mi voca gerigonzas salen al hablar,
Hay de los que me siguen
Pues futuro no deviso,
Ahora mas que nunca entiendo a un mimo,
Cuando por señas me intimidan
Y extrañamente por doquier me miran.
Tipos como yo en las esquinas veo,
Lucen derrotados y alimentos no han tomado
Pues su rostro de ayuno se ve colmado.
Trabajar quisieran pues
Pero es dificil de entender
Que por un miserable papel
Sus labores no puedan ejercer.
Millares contados son
En los centros de detencion.
Que delito es pues?
Ganarse el pan es la intencion,

Buscar progreso se ha convertido en una mision.
Leyes nuevas se inventan
Mientras que del incomtax no comentan,
Vacaciones gozan cada año
Cuando mi gente limpia un baño.
En Arizona y Alabama sus alguaziles utiliza
Asi en otros estados al hispano casi se esclaviza
Y todo por una bendita visa.
Las fronteras casi muros de Berlin son
Mas no consiguen parar la inmigracion,
Este problema pararia,
Si de libre comercio no se hablaria
Ya que esas divisas a mi pais entrarian,
Y al mismo tiempo fuentes de empleo surgirian
Tambien asi los hombres
A sus familias nunca abandonarian.

Miserable Amanecer

Gentes van, gentes vienen
Carros vienen carros van
Sueños se encienden sueños se apagan
Y cuando me di cuenta,
Esta miserable vida no se terminaba,
Todo empieza como todo termina
Tal cual asi describo la vida,
Acaso cuestionable es mi enojo?
Pues a mi alma no despojo
De este otro triste amanecer.
Hay si alguien pudiera desirme
Cuando seria meresible,
Que todo segundo invisible fuera a terminar.
Pues no escucho mas tu voz
Tus gracias perecieron
Tus ojos se perdieron
Tu risa obscurecio,
Asi mi vida linda,otra vez amanecio.

Luz Eterna

Mi vida infelicidad senti
El dia en que te perdi,
Esta vida sin ti no es vida
Pues mi alma se siente invadida,
De momentos intranquilos mis pensamientos
Al igual que mis sentimientos.
Todo mi ser se siente indefenso
Cuando pienso en la grandeza del universo,
A lo largo y a lo ancho
No cabe un solo sollozo de mi adentro;
Pues ya mande lagrimas sin cesar
Sin que una gota me ha de regresar,
Cuantioso es el daño que mi corazon recibio
Cuando el creador te eligio
Y uno de sus angeles te nombro.
Pero sin embargo me permitio
Tus manos acariciar
Y en algun lado las he de alcanzar,
Pues se que estan en algun lugar
No le llamo el mas alla,
Pues se que es la casa de Jehova
Y se que el nos permitira,
Encontrarnos una eternidad.
Ansio pues el momento
En que sera nuestro encuentro
Y asi mi alma descansara
Sabiendo que siempre Dios te iluminara.

Doloroso Trayecto

Ando y ando por el mundo
Mas sociego no hayo ni un segundo,
Mi pesada cruz debo cargar
Pero con valor debo avanzar;
Este camino empedrado
Que el destino me ha trazado,
Sin tropezar he de continuar
Para esta lucha enfrentar,
Con pie firme seguire
Pues a la vida le sonrreire
Aunque el dolor no deje mi cuerpo descansar.
Me enamorare de los obstaculos
Mas ellos trazaran barreras
Para frenar mis carreras,
Sin embargo luchare
Y asi mis sueños conseguire.
Ya ya se que voy arrastrado
Pero no me siento derrotado;
Tanto la vida me da aliento
Asi como yo la enfrento,
Mares debo cruzar
Dias crudos debo aguantar,
Para asi mis metas alcanzar;
Lectura sera mi alimento
Para beber parare un momento,
Toda sabiduria que da el conocimiento
Mis herramientas la paciencia sera
Y esta de valor me armara
Para que asi por lo menos,
Sea menos doloraso el trayecto.

Mujer

Desde el inicio diste
De aquel fruto que comiste;
Olvidado queda el error
Pues a la humanidad pariste,
Ya que sin tu belleza
Este mundo seria tan triste.
Cuando la trizteza llega
Tus labios palabras con semillas riegas
Que cualquier corazon sociegas.
Hoo, linda eres en verano
Como tambien en primavera,
Tanto el otoño adornas
No asi el invierno apremias.
Si de pronto te exasperas
En un segundo lo superas;
Pues amor y comprencion
Siempre corre por tus venas.
Desde siempre eres hermosa
Como un manjar o una rosa,
Unas veces caprichosa
Pero siempre cariñosa;
Imparable tu tarea
Dia a dia tu fortaleza

Desde que eres hija, madre y esposa
Pero sobre todo
Una inseparable amiga.
Ya quisiera yo tener
Tu valor para la vida emprender;
Amor y confianza desde tus pechos brota
Asi en tu vientre de vida dotas.
O mujer maltratos en ocaciones te someten
Duros golpes de la vida sientes,
Aguantas tan dura tribulacion
Y al final estas llena de perdon.
Mujer sin ti un jardin nunca creciera
Mujer sin ti la vida no quisiera.

Viejo

O vejez no me dejes
Ya que sin ti perdiera cada aliento de mi vida
Yo se que iluso seria
Olvidar mi juventud perdida,
Mis pasos dados estan
Guardados en el desvan,
Por si fuera poco
En mi mente vueltas dan,
Porque asi os aseguro
Que llegar a viejo es muy duro
Como los mangos maduros
Asi tambien caen los muros.
Pero no me arrepiento,
Pues de mi parte algunas veces soplo el viento
Porque rostros lindos contemple,
Asi tambien los acaricie
Mas reseña dejo en mi cuerpo
Esas noches de puerto en puerto;
Arrugas acumule por doquier
Historias a cada una les obsequie;
De pie apenas me sostengo

Y mis manos temblorosas estan,
Cada vez que las levanto
Intentan señalar al firmamento.
No, no no, ser joven no quisiera
Pues mi conocimiento perdiera,
Si de mi voca algo saliera
Paz y bendicion yo diera
Pues el que no olle consejo
Nunca llega a viejo.
Juventud no corras alocado,
Simplemente aprovecha lo que Dios te ha dado
No lo dejes para mañana
Pues eso decia yo en el pasado,
Vive alegre y ama a los que estan a tu lado
Esfuerzate cada dia
Para que tu vejez, sea mejor que la mia.

Carta al Cielo

Que buena fue la creacion
Perdon por causar tanta desepcion.
Que fuera del mundo si tu luz no existiera
Si el sol no apareciera,
Cada mañana de primavera
Si la luna y las estrellas
En penumbra dejaran mis penas;
Hoy quiero afirmarte
Que aunque mi mente vuele a marte,
No habra poder mas grande
Al amor que nos compartes;
Duro fue tu sufrimiento
Como grande nuestro lamento,
El dia de tu crusificcion
Se vivio gran afliccion;
Por lo cual mucho te respeto
A la vez pido perdon,
Mas ahun no nos abandonaste
Puesto que resucitaste,
Solo un gran amigo como tu
Daria un regalo a una persona como yo;
No pasare en alto
Un galardon tan alto,
El cual tu mereces
Alabanza y gloria en creces.
A ti querido amigo carta envio
Y a la vez te confio

Mi camino en este mundo frio;
No te olvides de mi
Aunque asi yo me olvide de ti,
Por ninguna razon
Te separes de mi corazon;
Pues si eso fuera no habria razon
A quien pues cantaria con gran emocion.
Permiteme no desesperar
En momentos de angustia, en tus palabras confiar;
Enviame una carta con tu puño y letra
Para que a mis amigos pueda yo leerla,
Enviame un regalo
Para compartirlo con mi hermano;
Agradecimientos de antemano
Por todo lo otorgado
Para finalizar la presente,
Te recuerdo que estas letras van por toda la gente;
Gracias por tomarte el tiempo
De tenernos presente;
Amado y buen amigo
Pronto ire alla contigo
Cuando asi permitas invitarme
Muy agradesido de mi parte;
No quiero desir adios
Solamente haste luego mi buen Dios.

Amiga

Durante mucho tiempo me has acompañado,
Momentos buenos y malos hemos pasado
Cuando te has ido te he extrañado,
Cuando regresas gusto me ha dado;
Muchas veces la pasamos de maravilla,
Asi tambien otras te he maltratado amiga mia
Ahun asi sigues de parte mia.
Mi confidente te has convertido,
Cada vez que he salido contigo;
A algunos envidia les da
Cuando conmigo tu estas;
Tantas veces quiero estar a tu lado
Como a veces te he rechazado,
Te llamo cuando mal me siento
Atiendes y a mi vienes como el viento,
Ho que poca atencion
Te presto en alguna reunion,
Disculpa tienes toda la razon.
El precio de tu amistad
Solo mis poemas podran pagar
Porque toda tu me inspiras
Cuando serca de mi suspiras;

Nesecito de ti como tu de mi,
Inseparables parecemos
Pero en el fondo no nos merecemos;
Aunque tu y yo sabemos
Que eternamente amigos seremos.
Irresistible y bella eres
Incondicionalmente me quieres,
Pero cuando con otros estas me hieres;
Asi pues no podemos llegar a mas
Pues algunas veces vienes y otras te vas,
Por eso se que no te he perdido
Porque siempre me has permitido
Tu amistad en definitivo;
Gracias amiga mia…
Gracias soledad.

Tu Angel

Cuando yo naci
Tu rostro por primera vez vi
Al instante supe que yo existi para ti.
Mi sueño en las noches velabas
Asi tambien me amamantabas,
Paso el tiempo y como me cuidabas;
Cuando a caminar aprendi
Alli estabas tu para mi,
Me enseñaste a hablar
Como tambien a amar;
De tus manos comi
Hay que feliz yo fui.
Yo se que tu mundo se derrumbo
Cuando el medico te informo,
La enfermedad que me ataco;
Mas sin embargo la enfrentaste
con valor me miraste
y con ternura me abrazaste.
El dolor es tan fuerte
Que a veces ya ni se siente,
Mas mal me siento
Al tomar ese medicamento;
Pero tengo valor

Pues siento tus manos a mi alrrededor;
No, no llores pues me encanta cuando sonrries,
Como tambien sabes que me gustan las flores;
Se tambien que mi pelo perdere
Y a cirugias me enfrentare,
Pero no importa
Porque tu amor me conforta.
Cuando veo agujas me da miedo
Pero me abrazas y todo se torna bello.
En el hospital muchas cosas me han regalado
Pero ninguna se compara con estar a tu lado;
Un poco mas de tiempo estare
Pero contigo lo gozare;
Feliz yo me ire
Porque en tu corazon vivire
Y ahora yo te cuidare;
Ya mi padre me llamo
A el atendere;
No te preocupes que un pedazito al lado mio
Para ti pedire;
Vive feliz la vida
Y asi podre decir mision cumplida
Te amo madre mia.

Viajera

Señora por usted admiracion siento
Pues dolorosa y prolongada es su llegada,
Y asi regresa a veces como si nada.
Nunca nos han presentado,
Mas de usted yo he escuchado,
Se que con adinerados comparte
Tambien con pobres que viven aparte,
Por todo el mundo usted viaja;
Algunos por usted esperan
Y a otros los desaspera,
Temor impone su nombre
Pues su visita alborota en renombre.
Dicen que asiste a fiestas
Y al hombre hace embriagar
Para luego a su lado hacerlo acompañar;
Pero su lado bueno me parece,
Pues a enfermos usted visita
Tratando con sonrrisas calmar su afliccion;
Importante usted es
Pues cada gente quiere conoserla alguna vez
Aunque sea en la vejez.

Creo que me haria bien con usted viajar
Pero permitame mi equipaje arreglar
Pues quiero ese privilegio tener
Sin nada que temer
Se que le gusta la luz
Como tambien la obscuridad,
Quiero que sepa usted
Que despues de conocerla
Conocere la eternidad.
No señores no se escondan al caer el sol
Ya que tambien con ustedes, ella bailara un son.
Salgamos pues señora muerte
Que hoy me siento valiente
Aunque mi vida usted se lleve
Se que el señor asi lo quiere.

Comun y Corriente

Sentirme ajeno
Pudiera ser malo o bueno,
Sentirme culpable
Todo dependiendo lo que hable;
Considero tener un galardon
Pues todos tenemos un don.
Atender a la reflexion
Cada dia lleno de tencion,
Para mejorar
Simplemente hay que pensar,
Tomar la vida con calma
Para no entrar en carma;
Aprender como el mundo gira
Es deber de cada vida;
Suponer que todo esta en orden
Seria como moler el cobre.
En ocaciones sentir temor,
Pues debemos armarnos de valor.
Procurar la paz
No debemos parar jamas,
Y asi entender a los demas;
Tratar de ser onesto

Para no sentirme molesto,
Trabajar y progresar
Para asi a otros poder ayudar,
No mas hambre en el mundo
De nuestro tiempo aunque sea un segundo.
A los niños no maltratar
Para asi la violencia terminar.
Envidias y egoismos evitar
Para que asi este mundo pueda cambiar.
Ser lo que somos sin ipocrecia
Es todo lo que imploro en esta poesia;
Asi es mi hermano
Cuando puedas tiende la mano,
Esto te lo digo
Pues solo soy un ser humano.

Vivo por Ti

Por favor tomame en cuenta
Pues ya creci mas de la cuenta,
Aunque soy solo un niño
Yo nesecito tu cariño;
Con tus concejos quiero crecer
Mas no me alejes de tu ser;
Algunas veces he oido
Que con papa has discutido,
No se exactamente la razon
Pero me parte el corazon,
Intrometerme en tu relacion.
Unos amiguitos con alas me contaron,
Que las mismas discuciones escucharon
Y por eso se marcharon.
Pretendo ser bien portado
Si no me apartas de tu lado;
Por favor para de fumar
Si no, no podremos jugar;
No consumas licor
Para no causarme dolor.
Quisiera tus oidos tapar

Cuando mal de mi escuchas hablar,
A gente insencible
Que dice que vivir conmigo es imposible;
No, no prestes atencion
Solo dime una oracion
Que eso me causa emocion.
Te amo por tu bondad
Esa es la verdad,
Perdona si te hago llorar
No quiero tu mundo dañar
Y por eso mientras tu corazon late,
De tu ser formo yo parte.
Por ultimo quiero pedirte
Sin ninguna intencion de herirte;
Mama ven a mi rescate
Para que este aborto no me mate.

Ladron

Como un miserable me siento
Despues que robe un lamento;
De aquel pozo tome sediento
Provocandote sufrimiento,
Enemistad sembre entre los tuyos
Por doquier escuchaba murmullos,
Que alguien vino y arrancaba la ilucion
Que tu guardabas,
Como tesoro cuidabas;
Sin duda no comento
De lo cual no me arrepiento.
Pues la pureza que cediste
Dichoso a este infeliz hisiste;
Manchar tu nombre no quise
Mas naturaleza es del hombre
De la carne ser esclavo,
Sin importar lo marchitado.
Ahora veo en realidad

Que por un momento de ansiedad,
Espero tu perdon en soledad.
Como puedo pretender
Tus ojos volver a ver,
Pues por ti persiste mi pasion
Por mi amor ten compacion;
Por ningun motivo alguno
Quiero que seas de ninguno,
Pues sangre tiño mi ser
En aquel amanecer,
Como fresca miel senti tu piel
De lo cual solo queda fria hiel,
Por todo el daño causado
A la conclucion he llegado,
Que todo lo pagare
Pues con tigo me casare.

Ajena

Como poder vencer
Momentos de placer,
Como combatir la timidez
Que me transmites cuando me vez,
Te considero hermosa
Poco mas que una rosa.
Por medio de las opacas ventanas contiemplo,
Tu cuerpo al caminar como un templo.
Visualizo tu figura
Eres toda una dulzura,
Como las plantas en la altura
Enmontañadas de llanura,
Nada se te parese
Pues te pienso y mi cuerpo se estremece.
Tus ojos tus manos tu risa
Como te asemejas a la brisa
Del rocio en la madrugada,
Nace tu piel agraciada.
Tu cabello en dimencion
Produce en mi tal emocion,
No atreverme a desirtelo
Me parece una traicion,
Me gustaria gritar
Que me atreveria a revelar
Todo el sentimiento,
Que por tu belleza me hace ocultar.
Pero en el fondo se que no es cobardia
Pues si libre fueras dama mia,
A ti seguramente correria.
No me quiero desahogar
Para no dañar tu hogar,
Simplemente digo al viento
Ho mi amor todo lo que siento.

Hija Mia

Te pido que no te apresures,
De tu juventud no dudes
Porque tienes muchas virtudes,
Talvez estan en un cajon
Busca dentro de tu corazon;
Se que las encontraras
Pues en las etapas de tu vida las usaras.
Busca el camino recto
Para que todo te salga perfecto.
Vive dia tras dia,
Y escoge bien tus compañias;
Piensa bien los pasos que debes dar
Para que asi puedas progresar.
Obstaculos hallaras,
Se que con esfuerzo los pararas.
Dedicate a ganar sabiduria
Para que los problemas encares con gallardia.
Confia en mis palabras
Espero tu mente habras;
Porque lo mismo recorri,
Claro que si, yo ya estuve alli.

Por eso quiero lo mejor para ti.
Muchas veces tropeze
Pero por tu amor continue.
Trazate metas fuertes,
Para que temprano tu te esfuerzes.
Se transparente para los hechos con la gente;
Se que un dia te enamoraras
Tu tiempo tomaras
Para saber con quien tu vida compartiras.
Aquí siempre voy a estar
Pendiente de tu andar,
Pero se sobre todo
Que Dios te va a guiar.

Encontre el Amor

Me atrapaba un gran temor
Al tratar de dar amor.
Pero mis miedos perdi
El dia en que te conosi;
Tanta fue tu ternura
Que quebraste mi armadura,
Las espinas que me amargaban
Cuando mi espiritu precionaban,
Tu las fuiste arrancando
Una a una fui contando.
Como huracan de fuerte viento
Te incrustaste en mi pensamiento,
Ahora es mucho lo que por ti siento.
Mi cariño te pertenece
Por todo lo que me ofreces.
Sentimientos como los tuyos
No hallaria ni en capullos.
Pues transformaste mis rencores
En un manantial de amores.
Yo solia preguntar
Cuando tu hibas a llegar?
Sin darme cuenta resolvi,
Que siempre has estado para mi
Y en todas las cosas, que por ti aprendi;
Enseñame algo mas
Para transmitir a los demas,
Que cuando se ama tanto
Tu desbordas en gran llanto
Muchas gracias Espiritu Santo.

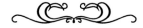

Hace mucho tiempo

Un monton de hierro retorsido
Incluyendo varios amigos,
Es el saldo de aquella madrugada
En la que me preguntaba
Por que no me paso nada?
Daño no era la intencion,
Mas se produjo la cualicion,
Corri te mire tendido
Me aserque a ti y estabas dormido,
Pues muy claro escuche tu ronquido;
Mire a mi alrrededor
Montones de gente con temor
Gritaban quien era el conductor;
Ambulancias escuche
Fue por eso que te deje.
Envuelto en panico salte
Aquel lugar abandone;
Creeme no fue mi intencion
Dejarte en aquella situacion.
Pues por alguna razon

Dios tiene para mi otra mision.
De otra manera te digo
Talvez tambien hubiera partido.
En este memorable dia de los muertos,
Apareciste en mis sueños
Te vi claramente
Como si vinieras de una fuente,
Me dijiste suavemente
No te apures que aquí donde estoy,
Feliz ando donde quiera que voy.
No hay llanto ni lamentos
Solo luz y hermosos momentos.
Tampoco tengo resentimientos
Pues ya el Padre me ha absuelto.
Desperte y dije gracias.
Ahora hare mi carta de arrepentimiento.

Te Aborrezco

Para que veniste
Para que exististe,
Acaso para ponerme triste?
O simplemente para al ser humano oponerte;
O en cada caso hacerte mas fuerte.
Naciste tan natural como yo,
Puede que sea asi o no
Si supiera los motivos que te hicieron aparecer
Talvez mas sereno estaria mi ser;
Pero el tan solo una respuesta no tener,
Me hace tu misterio aborrecer
Ya que tus heridas mas alla del cuerpo,
En el alma dejan un desierto.
Por mas que persevero entenderte,
Mas me alejo de mi suerte
De poder un dia comprenderte,
Pues cada dia te haces mas fuerte.
Acabado me has dejado
Todo el tiempo que he tratado
Alejarte de mi lado,
Vidas y momentos arrancas
Cada vez que bien te ensañas
En ocupar todas tus anchas;
Ya en mi te envolviste
Por todo el daño que hiciste,
Mi respeto tu perdiste;
Llevame pues enfermedad
Que de los mios me despido,
Solamente te recuerdo
Que en mi ultimo suspiro,
Sorpresa has de recibir
Pues al momento de morir
Mi camino has de compartir.

Critica

Ho que pobre vida
La que llevan sin medida,
Todo aquel que acaba
Durmiendose en la fama;
Artistas se les llama
Actores se proclaman,
Cantantes y autores
Encontramos por montones
Como asi tambien,
Poetas y escritores
Para no excluirlos
Tambien los pintores.
Por favor no se ofendan
Que no quiero generalizar,
Pues aquí me inspira
Nada mas que la verdad;
Pero a quien le toque
Que el guante se coloque;
Se casa uno con otro
Para asi hacer alboroto,
En escandalos de licor
Aparecen sin temor,
La drogadiccion
Claro no es la escepcion
Mas al rato se divorcian,
Sus ganancias negocian;
Cortitas entrevistas dan,

Mientras sus viajes por el mundo vienen y van
Propaganda barata de television,
Del publico llamar la atencion
Que buena invercion;
Videos obsenos
Solo observo senos;
Ya no hay entretenimiento
Pues todo este surgimiento,
De violencia por monton
A muchos insitan a la vejacion,
Asi poco a poco
Descuidan su educacion;
Por eso la fama no quiero alcanzar,
Pero si acaso ha de llegar
En su espejo me he de mirar.

Reconozco

No se como a mi vida
Proveerle un receso,
Poco interes he tenido confieso
Todo camina tan a paso ligero,
Como ligeramente siento que ya no puedo;
Ciertamente quisiera encontrar un torrente
Que de luz se llene toda mi mente.
Para tratar de entender
Porque el trabajo debe absorver,
Hasta en el tiempo familiar
Me ha de capturar.
Tratar de alcanzar quisiera
Exitos donde quiera,
Pero en el fondo quisiera
Que mi matrimonio no se extinguiera,
A causa del tiempo ignorado
Claro fue bien pagado.
Pero el plan espiritual no he valorado;
Mis hijos mis pasos siguen
Que bien si lo consiguen
Pero a discrecion
Saben que su corazon
Continua sin atencion.
Tenemos reconosimientos y galardones
Pero en el fondo quisieramos ser ladrones,
De momentos e iluciones
Que se han ido por montones;
Quisiera a tiempo recapasitar
Y asi este velo poder rasgar
Para aires nuevos respirar.
Los bienes materiales pospondre
Reconsiliacion con la vida buscare.
Pues se que un dia morire
Y en mi tumba nada me llevare.

Celos

Toda la hoguera que escendiste
La llama que en mi prendiste,
Humareda mis ojos nublo
Pues la apagaste con un polvaron
La tarde aquella que te vi
Con aquel extraño varon.
No quise mal pensar
Pero tu espalda acaricio,
Con tal ainco parecio
Tal carisia fue apretando
Hacia el te fue halando,
Entendi como la avestruz cava hoyos
Para escapar de la luz;
Porque correr a los dos queria
Mas mi cuerpo no se movia;
Observe que le sonrreias
Sabe el viento que historias te diria,
Desquebrajada mi razon quedo
Cuando aquel se despedia,
Te beso en la mejilla

Y mi orgullo como catarata caia;
Queria hundirme en el licor
A causa de tal ardor
Que sentia a mi alrrededor,
Obscuros y macabros pensamientos
Traspasaron mis adentros.
Cuando al fin volviste de tu andar
Que paseo me dijiste sin cesar;
Feliz bailabas y cantabas,
Poco a poco me contabas
Lo bien que la pasabas,
Flores traias con tigo
Y una carta que decia
Despues de tanto viajar
A tu hermano has de extrañar.

Mi Guarda

Gracias padre bendito
Por permitirme escribir,
Estos llantos de tristeza
Que no acaban en mi vivir.
Gracias angel mio
Por ser mi inspiracion
En estas noches desoladas,
Paceas en mi corazon
Esto me hace pensar
Que sigues aquí a la par.
Empujando mi destino
Y alumbrando mi camino;
Tratare tambien cantar
Parare un poco de llorar,
Con mis notas vere tu rostro
Con mi guitarra oire tu voz,
Con mi danza sentire tus brazos
Y juntos alabaremos a Dios.
Cuando salga el sol me despedire
Otro dia de encanto te deceare,
Pus esta noche esperare
Que cuando la luna y las estrellas brillen,
Mi amor hacia ti me guien
Para poder serenata darte,
Y que de mis sueños tu seas parte.

Bendita

Santa Maria intercesora de nuestros pueblos
Iluminadora, piadosa y bondadosa madre;
Como todos los doce de diciembre
Estamos presentes para rendirte omenaje.
Por tu linaje que resplandece y embellece;
Pero prinsipalmente por todo lo que acontece
Cada vez que por tus pedidos
Los pecados desfallecen;
Bendito sea el dia
Que desde el cielo venia,
Un angel con la mision
De hacerte la anunsiacion;
Que desde tu vientre provenia
La razon mas importante
Que al mundo salvaria;
De tipico nos vestimos
Para hacerte recordacion
Y asi tu memoria honrrar por tal accion,
Porque Dios verdadero
Te bendice alla en el cielo,
Para nuestros pasos vigilar
Por lo cual no debemos fallar.
Por nuestro señor viviste,
Llena de afliccion serviste
Gran pena sufriste,
El dia que tu hijo amado
Seria entregado,
Para asi nosotros
Poder ser salvados.
Gracias por tus peticiones
Para que el mundo reciba bendiciones;
Por eso este dia
Tan llenos de alegria
A ti oramos Virgen Maria.

Malas notas

No coopero mas con la realidad
No simpatizo con su mentalidad.
Pus negativo y sofocante
Como siente cada veraneante,
Con el calor agresivo
De las playas en verano.
Exelente surfista
Que esquiva las olas
Mas llega una sola,
Grande e imposible de esconderse
Que termina por traerse
Todo lo que a su paso encuentre,
Asi mismo mis sentidos se estremecen
Cuando las noticias amanecen;
Titulando lo mal acontesido
Y dejando en el banquillo,
Los deportes y las buenas acciones.
Hacen una rotacion
Para que la net impulse a cada lector,
Mientras un strike nos unde
En la bolsa que se desmorona,

Cada vez que en lo internacional
El fut acaba mal;
La seccion de los astros
Impulsan a los gastos
Y cuando los altos del basket
Paralizan las jugadas.
Nos avisan de la actualidad
Cuando el golfista con otras esta
Se cobran penales
En contra de los ilegales,
Mas los ciclistas
Caen antes de la meta
Cuando los politicos abren su maleta,
Por esto estoy seguro
Que no quiero comprar el diario
Pues para leer lo negro
Mejor camino hacia el estadio.

Barca

Que la aficion se llene de emocion
Cuando la barca de su alineacion.
Ya Guardiola direcciones dio
Otro equipo mas que perdio;
El partido ya ganamos
Cuando con el real jugamos,
La red se estremecio
Cuando asi Mesi anono;
De arriva a abajo van las olas
Pues rojas son todas las camisolas,
Los laterales atentos a la jugada
Pues xavi ya levanto la mirada,
Al guaque hay que ponerle balon
Para que anotemos otro buen gol;
Nuestra defensa esta parada
Pues en el fondo no pasa nada,
Ya Valdez se puso a saltar
Para por lo menos calentar
La gente no se puede controlar
Pues otro campeonato vamos a ganar,
Pero se pondra ahun mas loca
Cuando el barsa levante la copa.

Momentos

No nesecite mucho tiempo
Para escribir todo lo que pienso,
Solo pude llorar
Para hechar mi mente a andar,
Ofender no pretendo
Solo hacer entenderlos,
Que cuando uno se lo propone
Todo mal momento se compone;
En algunas ocaciones
Expresamos emociones
Toda clase de sentimientos
Pero tambien frustraciones;
Todo aquello que pase
Desde el fondo lo saque,
Porque ahun estoy dolido
Pero no significa vencido.
Momentos de humor
Como tambien de desamor,
Les quiero escribir
Para darles a elegir
Pero tambien quiero corregir,
Que mi inspiracion, tiene una razon
Se encuentra dentro de mi corazon.
Es un lazo muy fuerte e inexpliclable
Pero si les aclaro
Es algo muy envidiable.
Por eso tengo el deber
De a los lectores agradecer;
A estos renglones, sus atenciones.
Pues dependiendo su criterio
Entenderan en ellos sus misterios.
No quiero aburrirlos
Solamente introducirlos
Que mi dolor siempre deriva
De mi amor que siempre me anima…

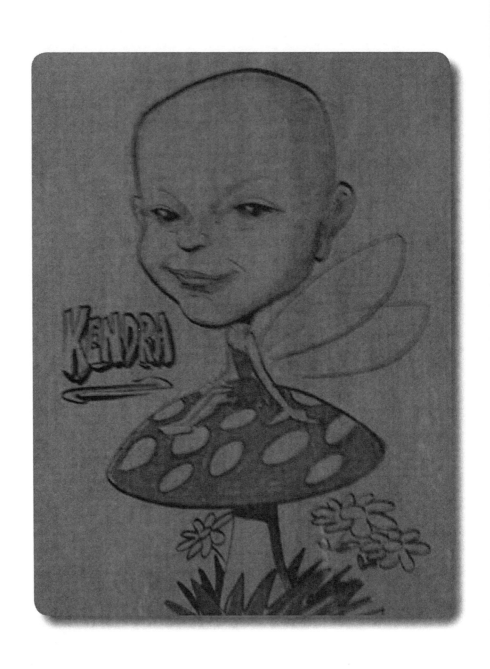

Cuentame

Cuentame como te va en el cielo,
Prometo guardarlo con gran celo;
Como palabra secreta
Usare mi chimponpon
Tu y yo sabemos que de un rincon,
Bien estrecho del corazon
Nos amamos con toda emocion.
Cuentamelo, si pudieras bajar en un sueño
Seria para mi un gran premio
Tu visita aunque sea un momento.
Te cuento tambien en secreto
Que pasar las noches de imsomnio,
Se ha vuelto para mi un decreto;
Pues salgo a caminar
En el vuelo de las nubes sin parar
Intento en el cielo mirar
Tus alitas de chimponpon agitar.
Cuentame como se ven
Las mariposas en el eden,
Cuando celebran tu sonrrisa
Y tus palabras las paraliza;
Pues eres encantadora
De mi ser dueña y señora;
Solo quiero que me cuentes

Como hago para que me encuentres,
Cuentale a mi soledad
Cuanto mas he de esperar,
Para un dia juntos
Asi poder volar.
Reconocere tu voz
Pues me la se de memoria,
Cuando me cuentes aprisa
Todo lo que te armoniza;
Tirame petalos de rosas
Para saber todas las cosas
Que no nos hemos contado,
El tiempo que ha pasado.
Besos te robare
Y con tu amor despertare.
Cuentame mi chimponpon
Si me guardas en tu corazon.

CPSIA information can be obtained at www.ICGtesting.com
Printed in the USA
BVOW072320190112

280964BV00002B/1/P